浪花朵朵

这样说话，同学都爱跟你玩

[法]弗朗索瓦丝·布歇 著
张伟 译

快来！

前面有惊喜！

四川文艺出版社

图书在版编目（CIP）数据

这样说话，同学都爱跟你玩 / (法) 弗朗索瓦丝·布歇著；张伟译. -- 成都：四川文艺出版社, 2022.4（2025.6重印）
ISBN 978-7-5411-6278-7

Ⅰ. ①这… Ⅱ. ①弗… ②张… Ⅲ. ①社会交往—儿童教育 Ⅳ. ①G611

中国版本图书馆CIP数据核字(2022)第030531号

ZHEYANG SHUOHUA，TONGXUE DOU AI GEN NI WAN

这样说话，同学都爱跟你玩

［法］弗朗索瓦丝·布歇 著

张伟 译

出品人 冯 静　　选题策划 北京浪花朵朵文化传播有限公司
出版统筹 吴兴元　　编辑统筹 杨建国
责任编辑 王梓画　　特约编辑 冉 平
责任校对 段 敏　　装帧制造 墨白空间·王茜
营销推广 ONEBOOK　　排 版 余潇靓

出版发行 四川文艺出版社（成都市锦江区三色路238号）
网 址 www.scwys.com
电 话 028-86361781（编辑部）

印 刷 小森印刷（天津）有限公司
成品尺寸 143mm × 205mm　　开 本 32开
印 张 3.625　　字 数 80千字
版 次 2022年4月第一版　　印 次 2025年6月第九次印刷
书 号 ISBN 978-7-5411-6278-7　　定 价 52.00元

文字、图画：

弗朗索瓦丝·布歇

亲爱的、最棒的男孩和女孩们，

欢迎来到这本书！

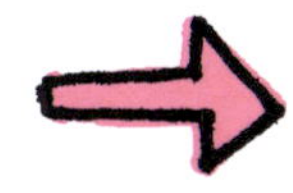

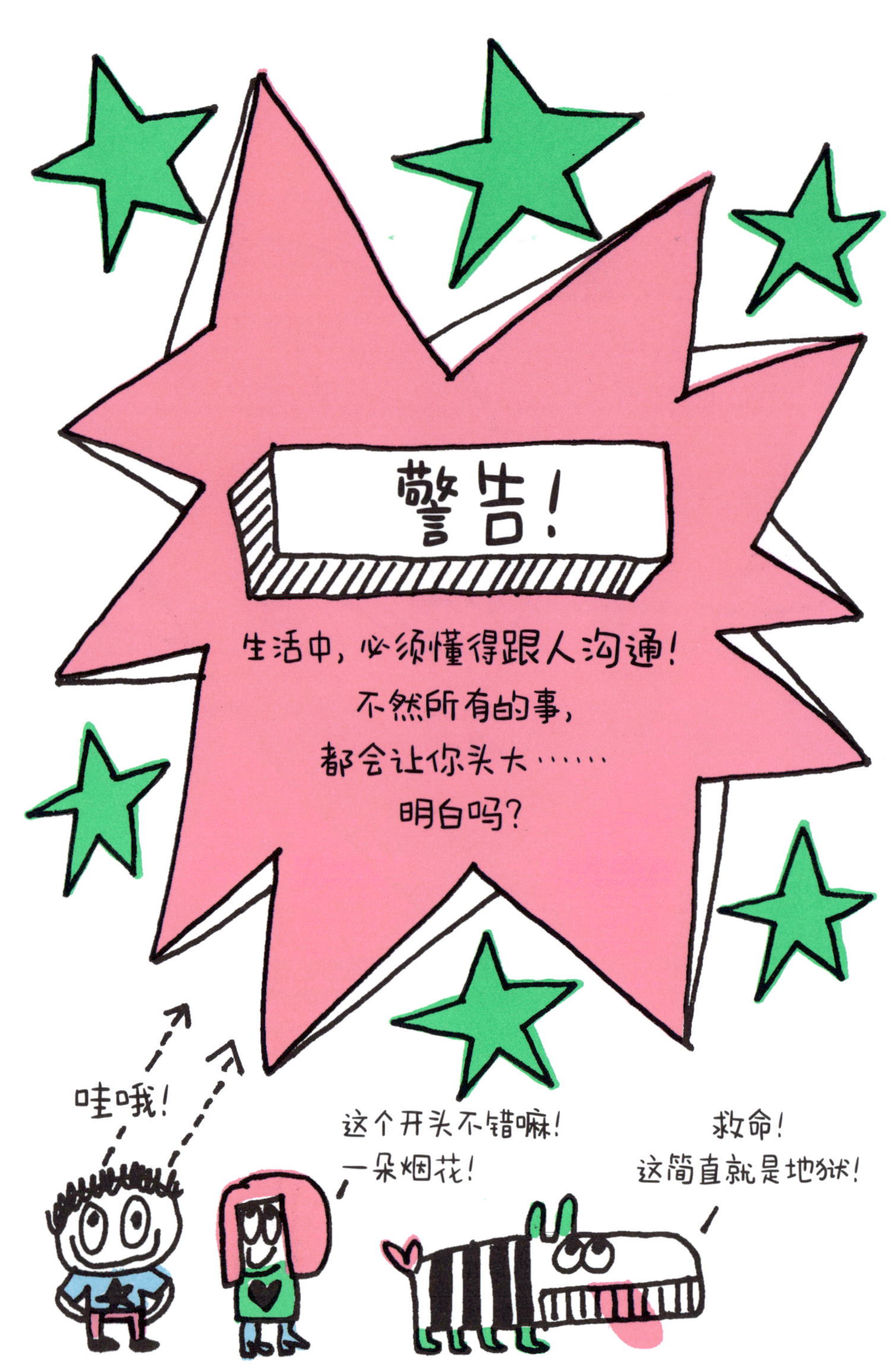
警告！
生活中，必须懂得跟人沟通！
不然所有的事，
都会让你头大……
明白吗？
哇哦！
这个开头不错嘛！
一朵烟花！
救命！
这简直就是地狱！

别急，
超大的好消息来了！
即使你是个普普通通的孩子，
你也可以学会沟通，
并且成为一名冠军，
因为——
书中充满了魔法！
斑马专用耳塞
呼——
这样好多了！

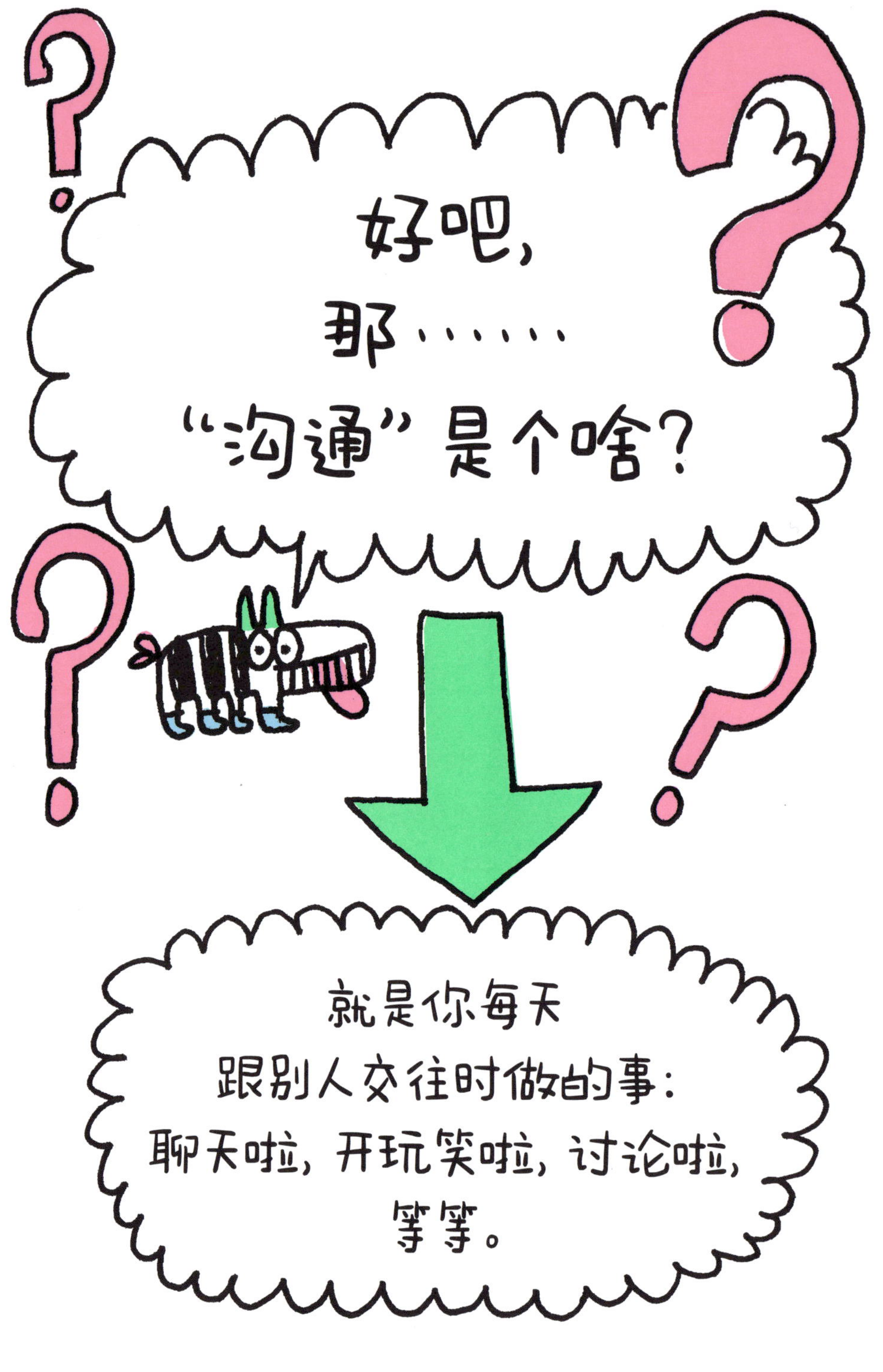
好吧，
那……
“沟通”是个啥？
就是你每天
跟别人交往时做的事：
聊天啦，开玩笑啦，讨论啦，
等等。

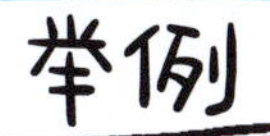

吧啦吧啦吧啦吧啦吧啦
吧啦吧啦吧啦吧啦……
你在听吗?

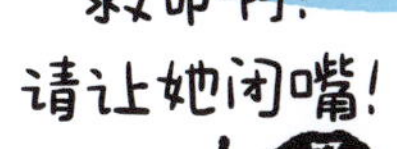

是你什么都
不懂好不好!
啊——

接下页

注意

即使
深夜
睡着了，
你也可能在
沟通……

这是一场梦……

你可以用你身体的各个部位"沟通"。

划掉多余项

你的大脑
你的头发
你的耳朵
你的嘴巴
你的胳膊和手
吧啦吧啦
你的心
你的胳肢窝
你的膝盖
你的屁股
你的小脚趾
你的脚

举例

=我超级喜欢你！♡

=你疯了。

哇哦！
=真是个
好主意！

但是本书主要讲的是语言的沟通。

通过语言

好好留意这本书
给你带来的变化。

高

水平

学会沟通之后，你的生活中会有：

更多

- 欢乐
- 朋友
- 乐趣
- 收获
- 成功
- 你提出的问题的答案

更棒的生活！

更少

- 问题
- 忧伤
- 愤怒
- 孤独
- 误解
- 被浪费的时间

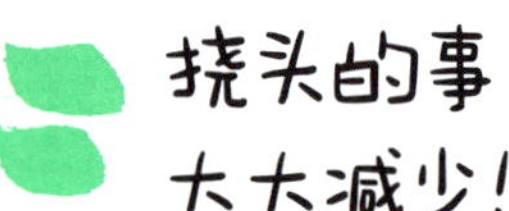

扰头的事大大减少！

啊啊啊啊啊啊

我开始明白点儿了——
就是说，
学会沟通就能更幸福？

对！
可以这么说！
走啦！翻页啦！

首先，
要像公众人物
一样表达自己，
这样才能让
所有人明白
你说的话！

清清楚楚地说话，我的宝贝！
你……
明白……
我的……
意思……
了吗？
哎哟！
我的脸蛋。
啥？我也要清清楚楚地说话？

用不着大喊大叫，

你希望自己像谁？

焦虑大王

“啊啊——妈啊！

“

“哇哇！

把大伙都惹毛了，还一无所获。

别人又不是听不见！

温柔王子

→ 总是（或几乎总是）能获得自己想要的结果。（棒极了！）

当你
说话
的时候，

别把手放在嘴巴前面！

站直身体

你好！

喂！

你好吗？

别这样！

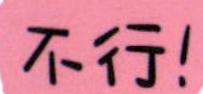

匀速呼吸

不要盯着
鞋子！

打住！

???

不要留一大把
胡须，挡嘴巴！

不要躲到地毯下面去

害羞的斑马

真差劲！

仔细看这幅图

你说话的速度

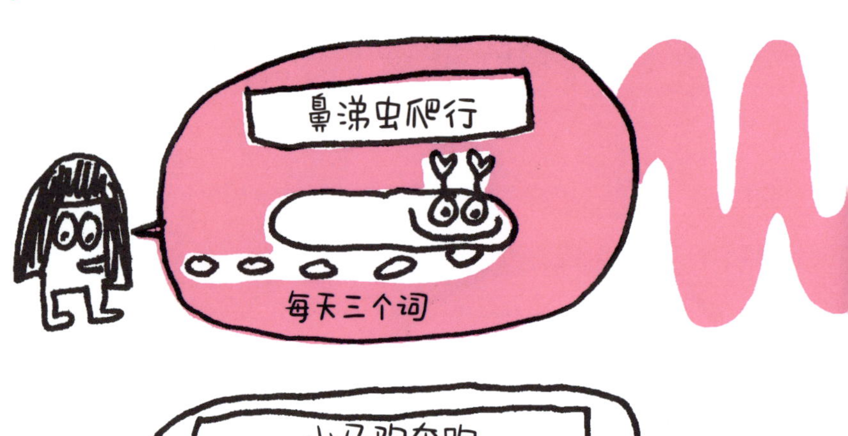

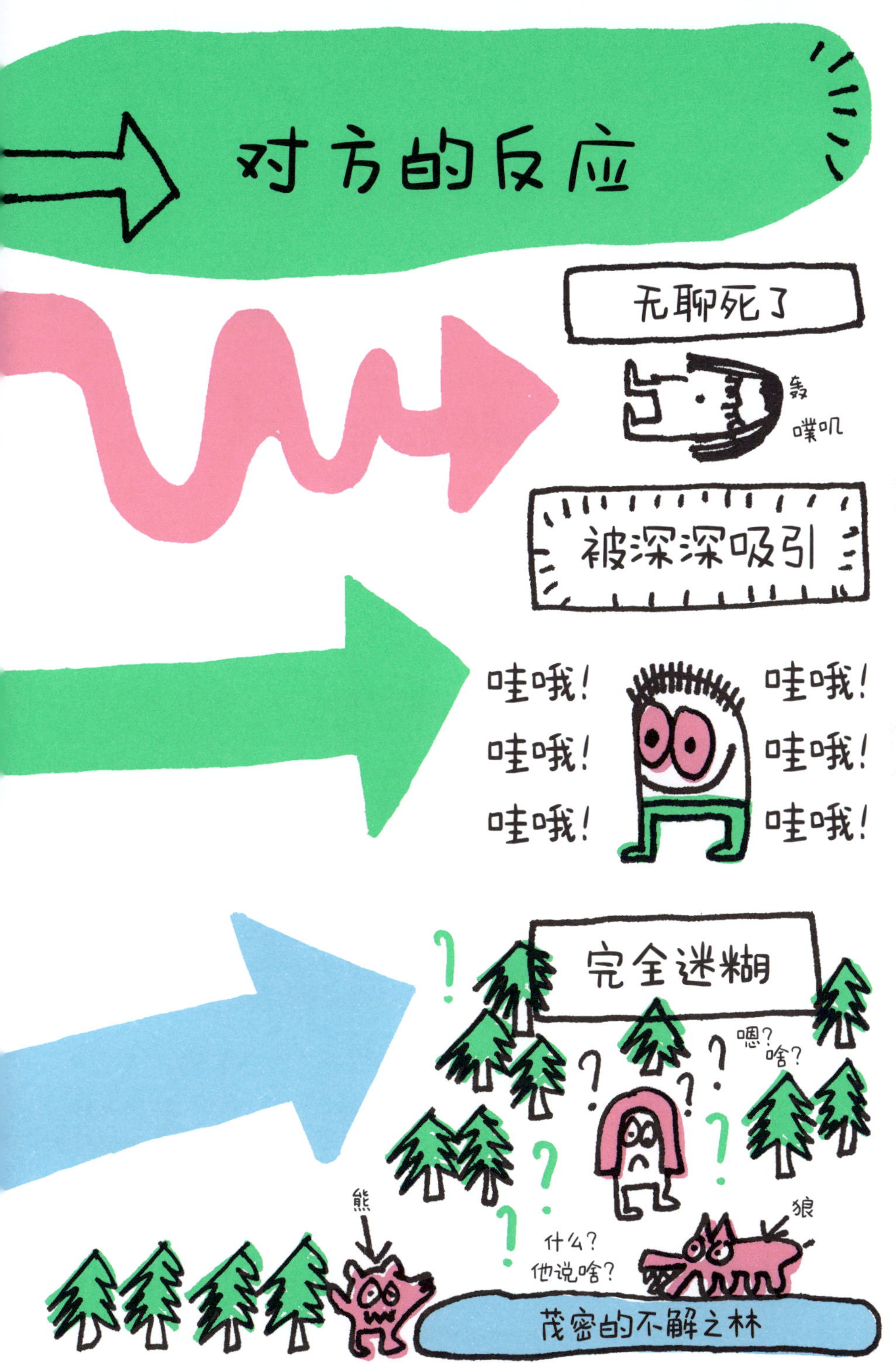

对方的反应
无聊死了
轰
噗叽
被深深吸引
哇哦!
哇哦!
哇哦!
哇哦!
哇哦!
哇哦!
完全迷糊
嗯?
啥?
熊
狼
什么?
他说啥?
茂密的不解之林

注意

千万别跟他一样

说明

三天没洗漱

牙缝里塞满菜渣

唾沫星子四溅

跟牦牛的口气差不多的大口臭

唾沫之湖

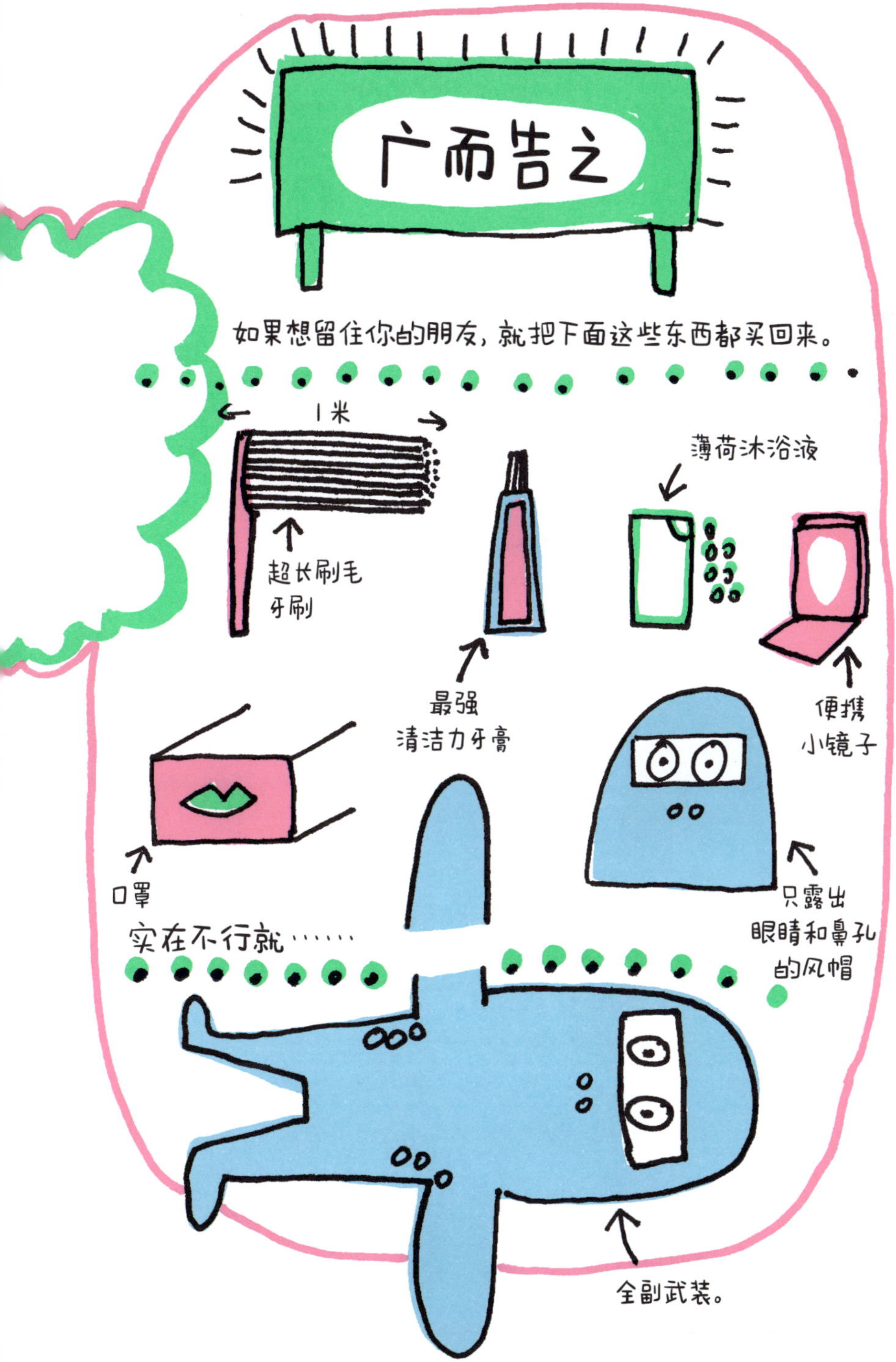

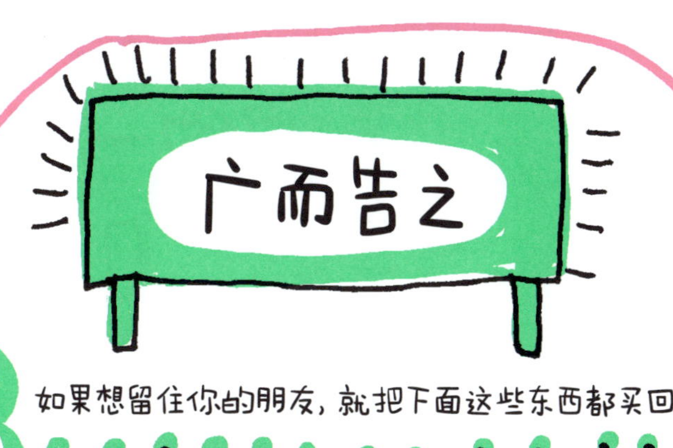

如果想留住你的朋友，就把下面这些东西都买回来。

1米

超长刷毛牙刷

最强清洁力牙膏

薄荷沐浴液

便携小镜子

口罩

只露出眼睛和鼻孔的风帽

实在不行就……

全副武装。

最最重要的事：

如果想让别人听明白你说的话，记住，用简短明了的句子。

好！好！好！
百分之百听懂啦！
真是个绝妙的主意！

使用不同的词语来表达自己的意思。
（让你的表达丰富起来。）

0/10 完全不可取

2/10 不可取

5/10 一般般

8/10 继续努力

噢，天哪！生活是如此优雅美好、令人着迷！
每一刻，我都仿佛沉浸在强烈而又深沉的
幸福之浪中！

12/10 嘿！淡定！这有点儿过了！

顶部

底部

注

这一页
是广袤的蓝天。
虽然看起来与沟通毫无关联，
但如果你知道，
总有那么一个地方
有一片蓝天，
那可真是件超级快乐的事。

即使你的确

有困难，

好消息！

比如：

窝要一的，

炒特力蛋刀，

拿烦您啦。

窝跺僧艺用滴，

灰藏
胆谢！

生日快乐！

有个绝妙的解决办法。

猜猜是什么？

A 给店主发短信

B 抓紧去医院看医生

C 闭紧嘴巴，做个沉默不语的小可爱

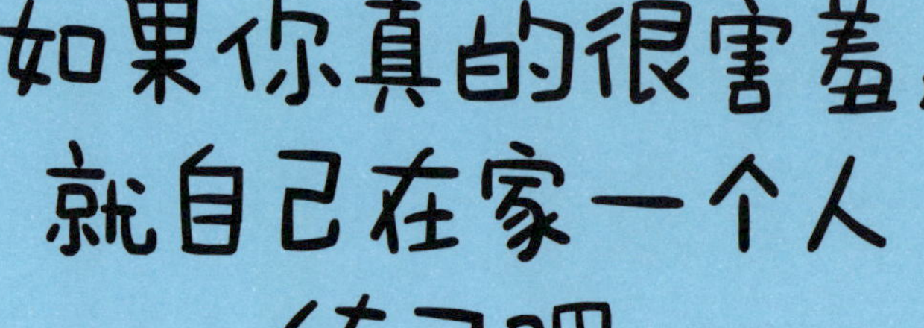

如果你真的很害羞，
就自己在家一个人
练习吧。
（或去上些表演课。）

再来一次！
接着讲，
接着讲！
亲切的仙人掌

热情的小鱼

好耶！
好耶！
鼓掌！
鼓掌！

如果你想把话
顺顺畅畅地说出来，
有个办法非常关键，

那就是——
多次重复。

再大点儿声！
我啥都听不到。

给人鼓励的袜子

加点儿笑容！

特级教练
仓鼠先生

保证见效！

翻页

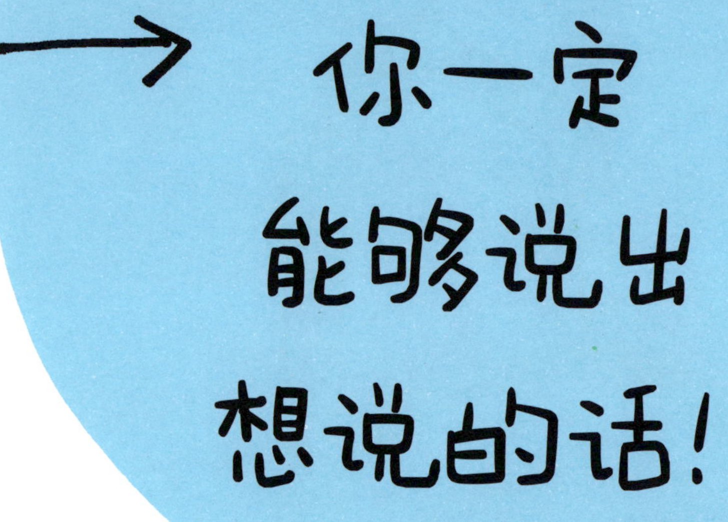
→ 你一定
能够说出
想说的话！

别害怕。
不要犹豫。
明明白白，
清清楚楚！

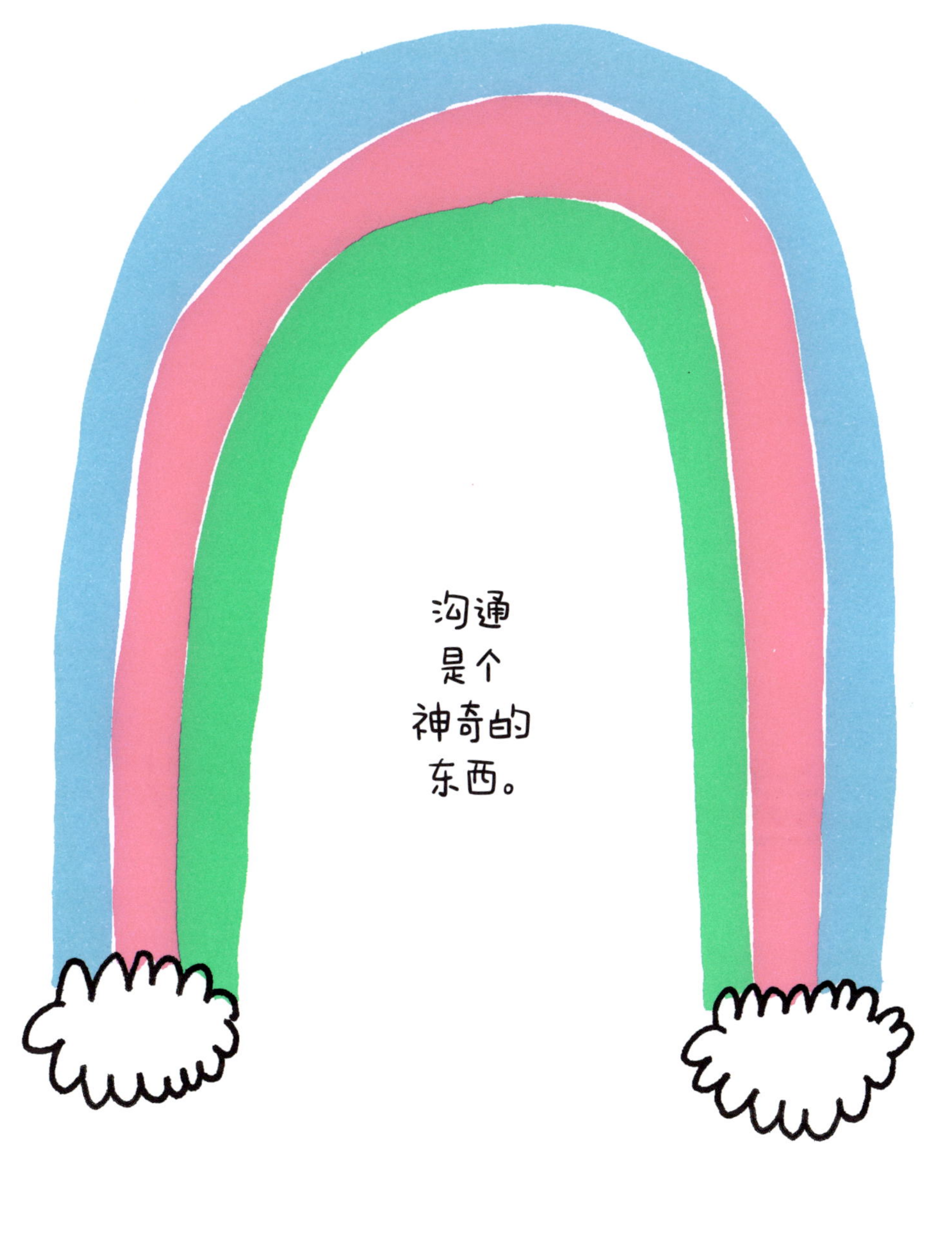
沟通
是个
神奇的
东西。

尤其注意，
要好好听
别人说话！
这点特别重要！

真棒！一个漫画小故事！

你的好朋友
遇到麻烦了。

呜！呜！呜！
我遇到了
一件可怕
的事！

你可能会做出
的第一种反应：

倾听。

哦不！
我的小可怜！
给我说说到底是怎么回事儿！

你可能会做出的
第二种反应：
2

拔腿就跑。

不好意思！拜拜！我得去照料我的小马驹了！

你听了很久很久，然后安慰她。

嗯，是这样的：
我被几个外星人绑架了……
救命啊！

他们折磨我，
用他们的五条舌头
舔我的
脚指头。

你的朋友觉得可疑，展开调查！

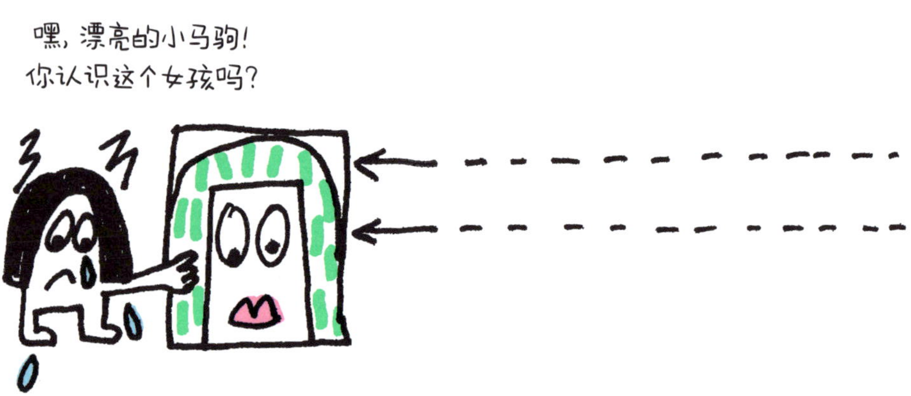

嘿，漂亮的小马驹！
你认识这个女孩吗？

我爸妈花了
三十亿赎我，
他们才把我放了。

再见！

地球

呃……
你确定
不是在
骗我？

这……

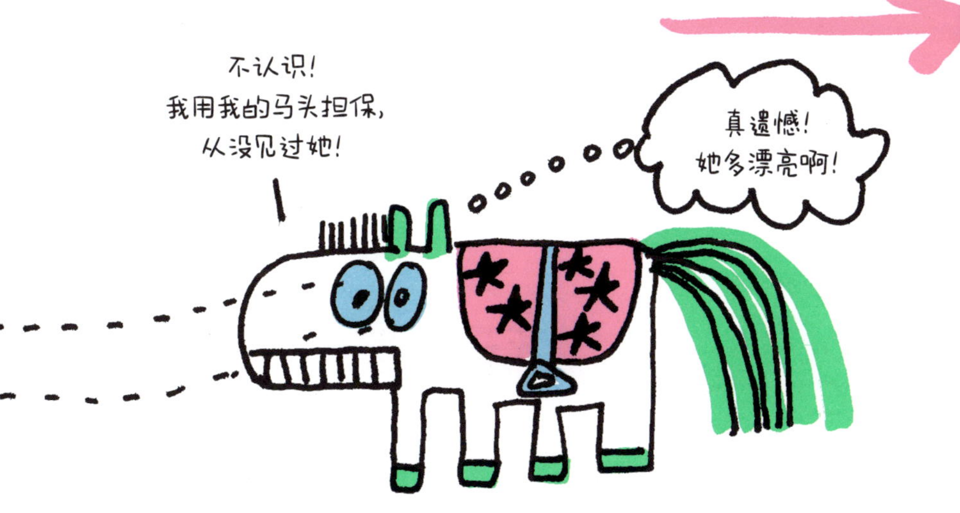

你从头听到尾！

哎哟！你的朋友又找着你了！

结论

如果你能认真听别人说话，
就能更好地了解他们，
知道他们的很多事情（甚至秘密），
你们就会成为特别要好的朋友，
甚至死党……

这可太棒了！

如果你的行为
与此相反……

那就完——蛋——了——

例外的情况看这里

这些人的话
你完全
没必要
认真听

整天把“我”挂在嘴边的人

还有这些人

我 我呀
我呀 我呀

我——
我呀——

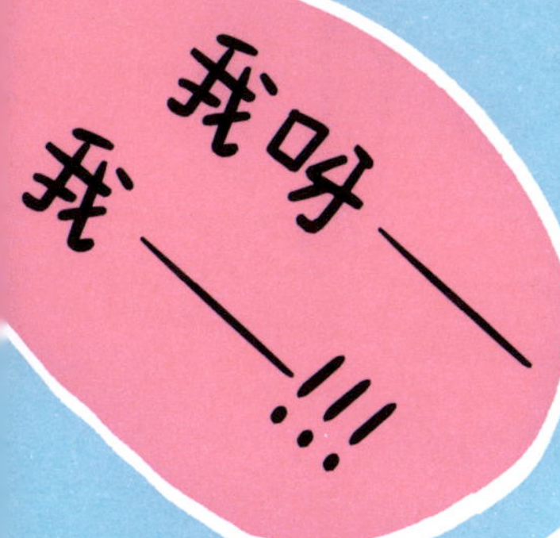

吹牛大王

啰啰唆唆的人

张口闭口都是恐怖故事的人

下页有惊喜

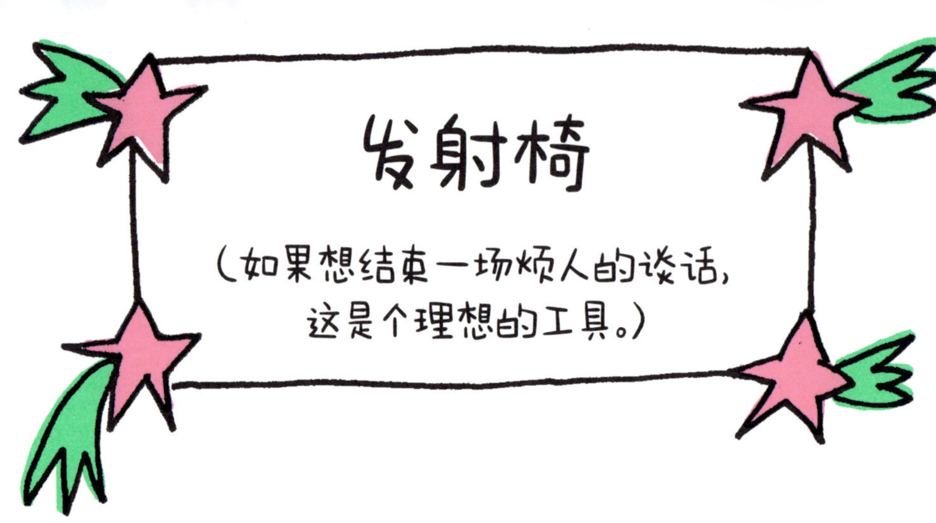

平时，
唯一能让我
提起兴趣的
就是政治。

走开，快！
直接送到月亮上去。

遥控器

遥控变距
（驱逐里程）

10米

1000米

月球

嘿嘿！

太酷了！
圣诞节的时候
我也想要一个！

那么，
怎样良好地
和别人进行
日常沟通呢？

????

这张图表显示的是

别人见到你的时候

能记住的信息

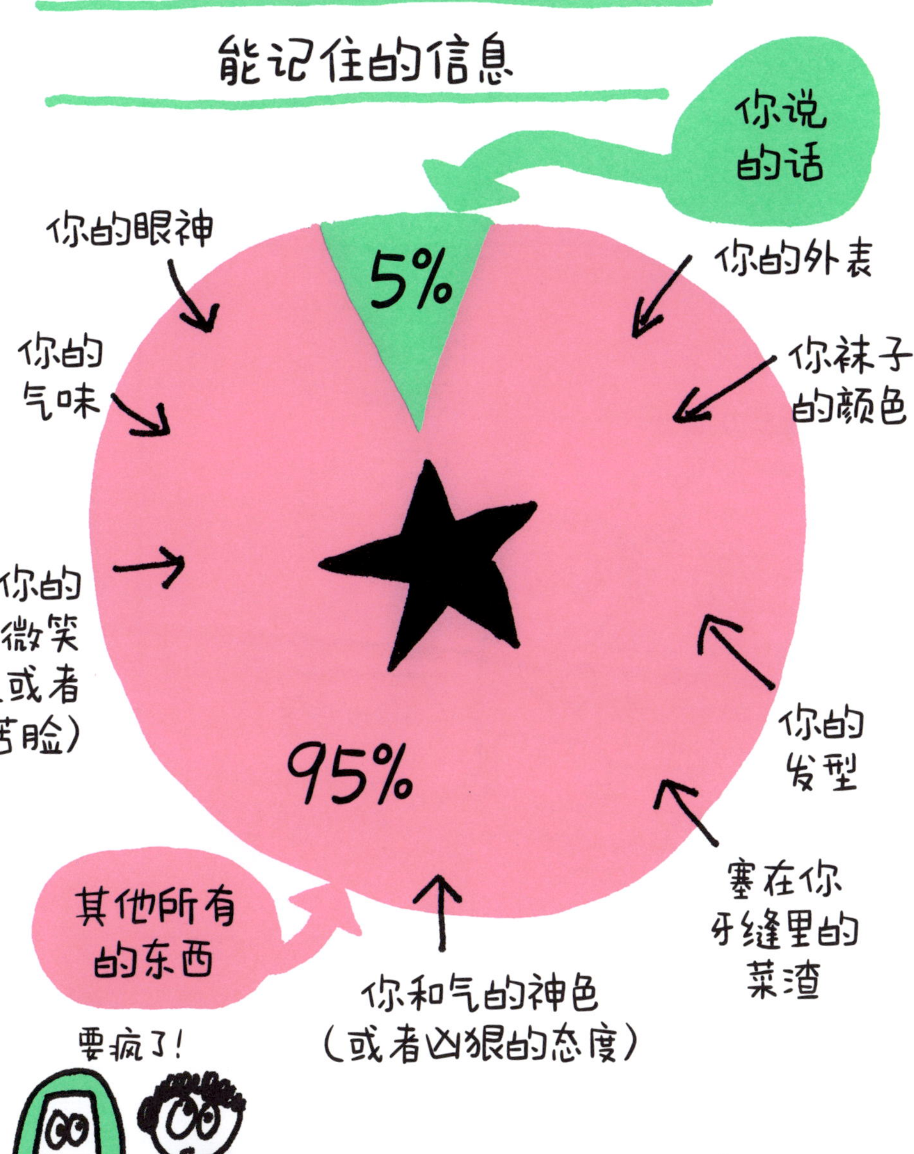

哎呀呀！看来，这第一印象可得多加注意了。

这是 100 分的

见面状态

但是，不是所有时候

都能做到……

比如说

一天，你在大街上偶遇全世界你最喜爱的女演员，与她同行的是你最崇拜的男歌手。

名人大道

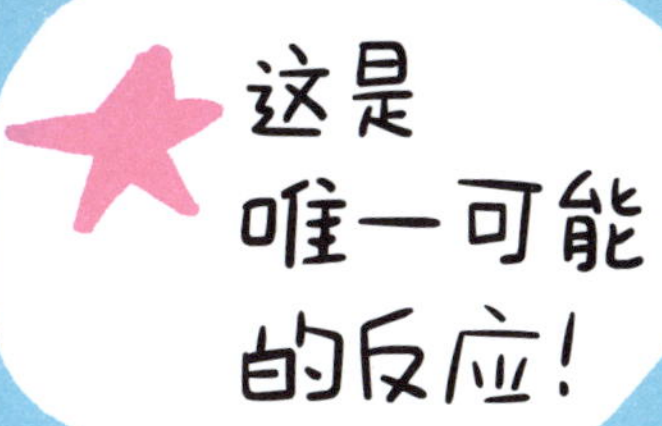

找到最恰当的沟通距离。
（视情况而定。）

和陌生人

和朋友们

如果你没刷牙，和所有人

和把你当白痴的人

和密友

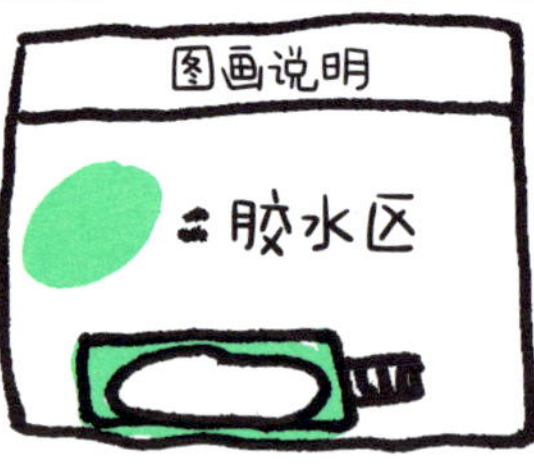

和你最大的敌人

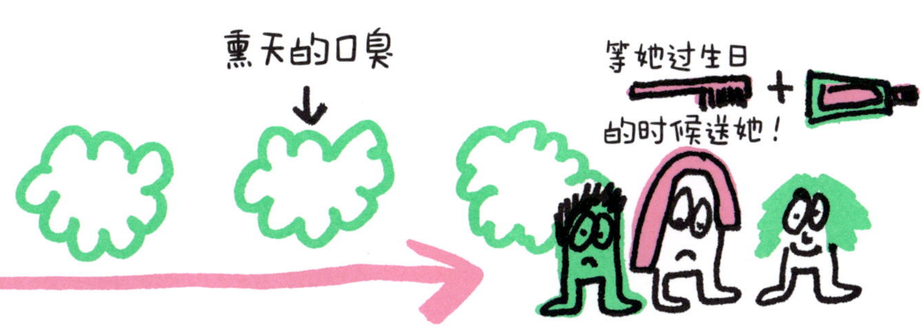
熏天的口臭
等她过生日
+
的时候送她！

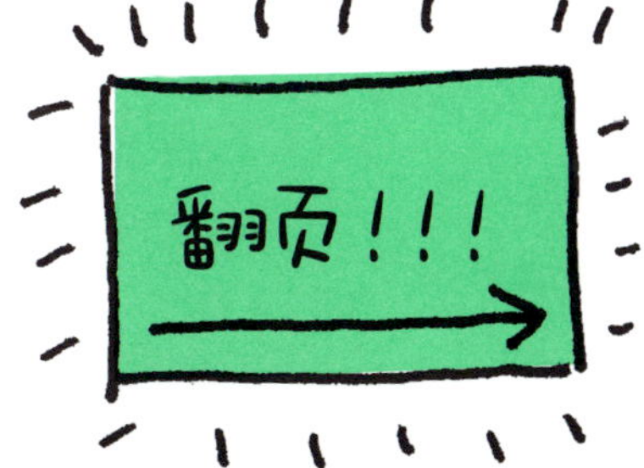
翻页！！！

嘿！
你好！
我去你家
借住半年
可以吧？

烦人精

遇到他们的时候，说哪句话最合适？

将粉色圆点与对应的蓝色圆点连起来。

亲爱的先生，
您能借给我
三百万吗？

嗨！小兔子！
你吃了粉红色的胡萝卜
会不会拉粉红色的
屁屁？

哎哟！哎哟！
我太喜欢你了！！！
能和你一起玩儿吗？

嘿
小伙子！

我跟你
合拍。

超——级
合拍！

你的快乐的
小兔子
你最好的朋友
一个漂亮的女孩
银行行长

永远
不要忘记，
语言的力量
是无穷的！

想让别人怎么和你说话，
你就要怎么和别人说话。

测试

开口之前思考一下，
问问自己想说的话是不是：

在格子里打钩

	是	否
真实		
友善		
重要		
聪明		
有用		
有趣		
好主意		
超级无敌好——笑！！！		

太难了！太难了！

测试结果

如果大部分是

是

或者即使有一些“否”，但它又真实又好笑又友善——

如果大部分是

否

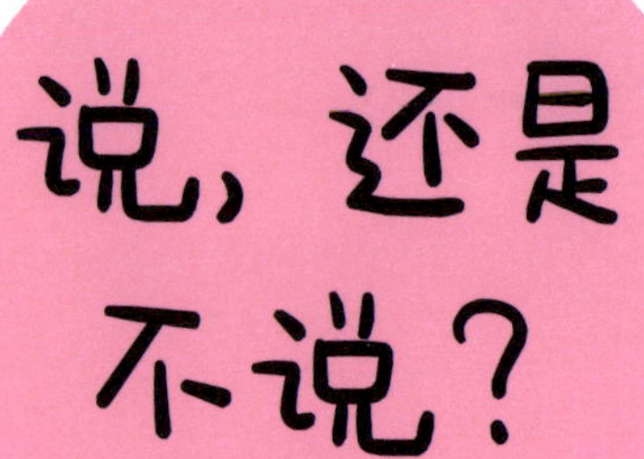
说，还是
不说？

可能出现的
三种情况

你的脑子

特写

你的想法
你说的话

A
怎么想
就怎么说
B
有想法，
但不说
C
心里想的和
嘴上说的
不一致

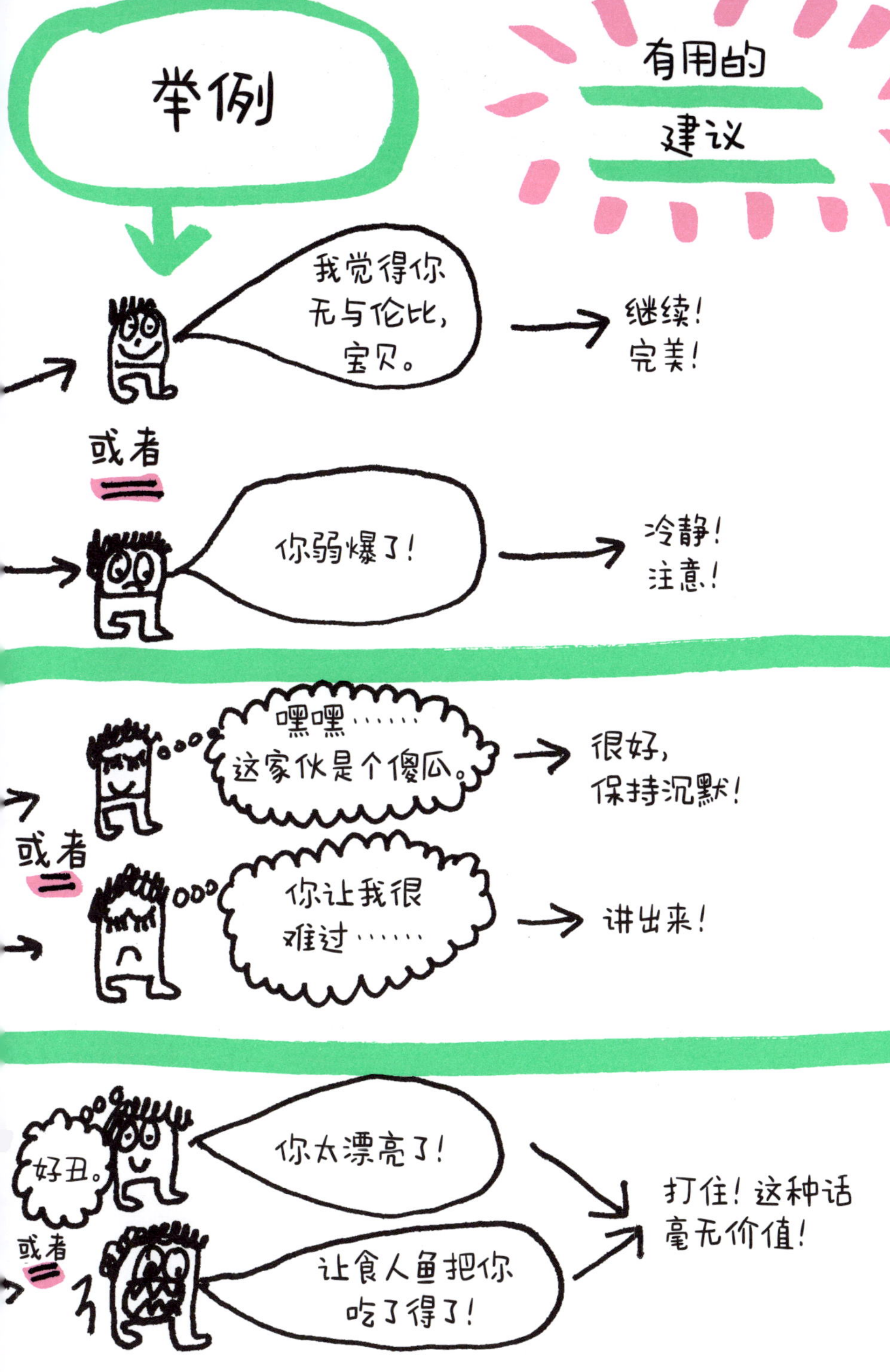
举例
有用的
建议
我觉得你无与伦比，宝贝。
继续！完美！
或者
你弱爆了！
冷静！注意！
嘿嘿……这家伙是个傻瓜。
很好，保持沉默！
或者
你让我很难过……
讲出来！
好丑。
你太漂亮了！
或者
让食人鱼把你吃了得了！
打住！这种话毫无价值！

图表展示的是不同话语停留在脑海中的时间。

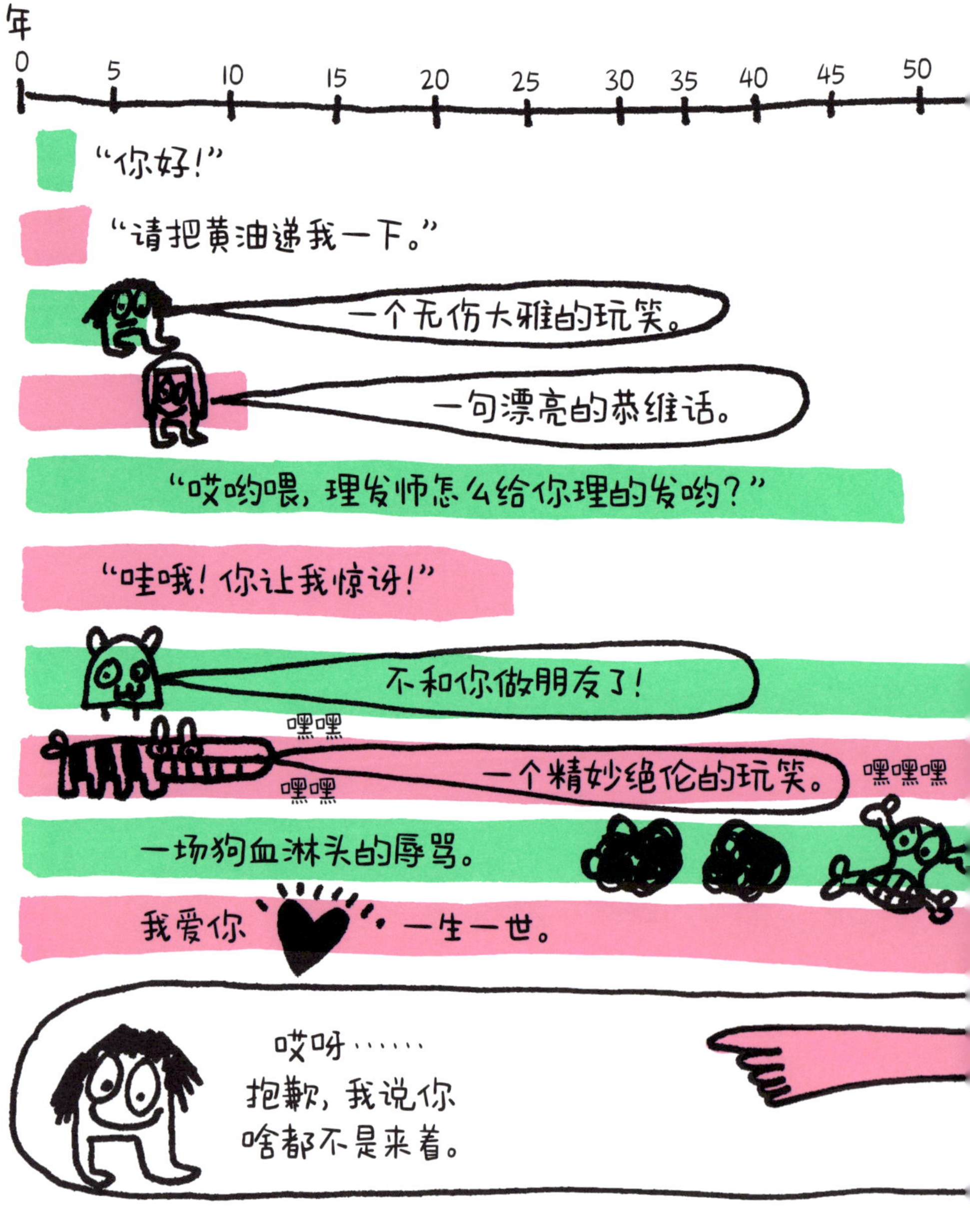

年

0 5 10 15 20 25 30 35 40 45 50

"你好!"

"请把黄油递我一下。"

一个无伤大雅的玩笑。

一句漂亮的恭维话。

"哎哟喂，理发师怎么给你理的发哟？"

"哇哦！你让我惊讶！"

不和你做朋友了！

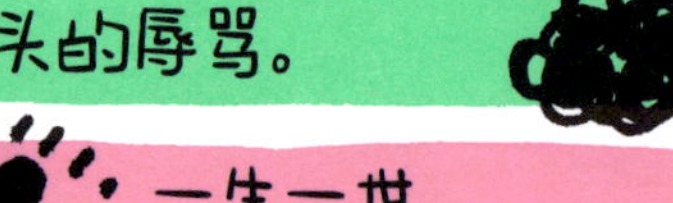

一个精妙绝伦的玩笑。嘿嘿嘿

一场狗血淋头的辱骂。

我爱你 一生一世。

哎呀……
抱歉，我说你
啥都不是来着。

55 60 65 70 75 80 85 90 95 100 105

如果我是个
小秘密，

甚至无关
紧要，

轻轻松松
而且还挺
好笑，

你一想起我来
就会微笑，

那就让我
只属于你一个人
好啦！

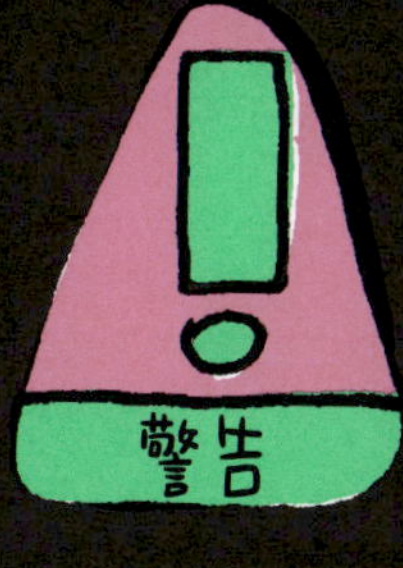

但是，如果我是一个
让你难过或者烦心
的大秘密，

你就
应该
将我
告诉给
能帮你
的人。

牢狱

牢狱

比如你信得过的成年人，或者医生……

但千万别跟下一页的
这个人说。

不懂得保守秘密的

讨厌鬼

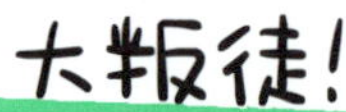

大叛徒！

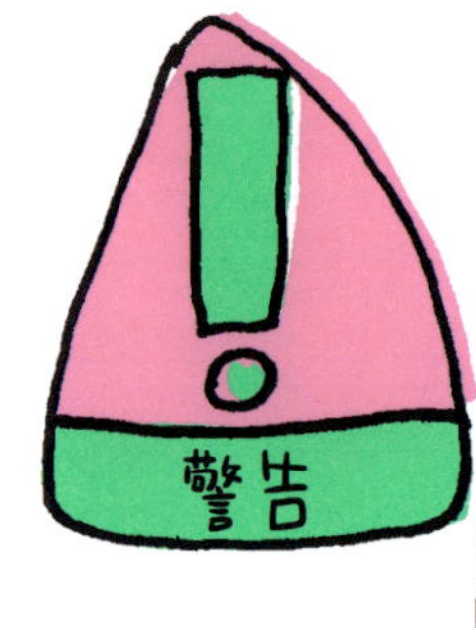

嘿！全宇宙的居民们！
你们绝对想不到：

刚刚跟我说……

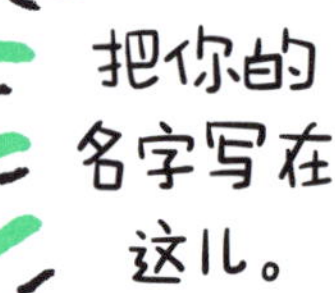

管不住嘴的人

一百二十五种
语言向外广播

你的虚假的

好朋友

啊？
不会吧？
啥？
好轰动的新闻！
这事儿真
疯狂！
哇哦！
哇哦！
哇哦！
哇哦！
震惊！
简直
难以置信！
天哪！

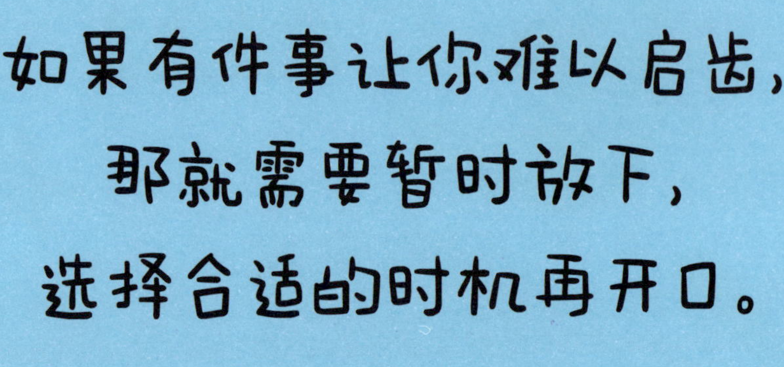

举例

怎样吸引
母斑马

说真的，
我开始有点儿
不耐烦了……

啊——
啊——

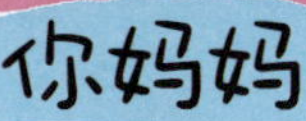

你 你妈妈

八点半刚下班回家，很疲惫。

妈……我把牛奶倒在沙发上了，我数学考了2分，身上爬满了虱子……

精神放松，善解人意。

妈……我把牛奶倒在沙发上了，我数学考了2分，身上爬满了虱子……

超级平和，过了神清气爽的一天，还练了两个小时瑜伽。

妈……我把牛奶倒在沙发上了，我数学考了2分，身上爬满了虱子……

看看你属于哪一种！

百分之百的封闭心态

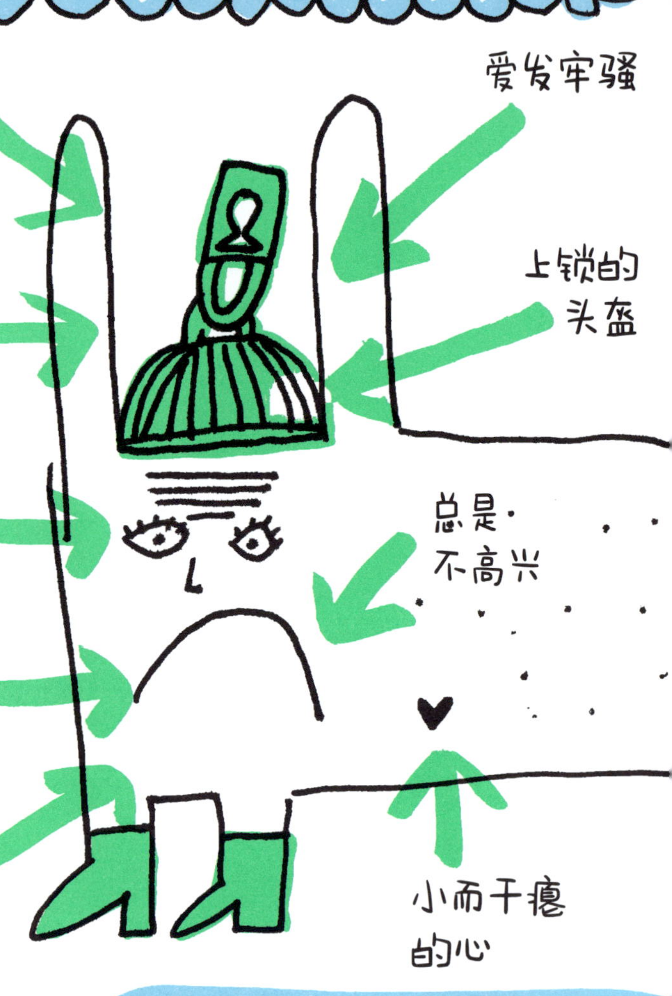

沟通能力差极了

百分之二百的开放心态
我呢，
完全相反！
跟我学
学！！！
这很
酷哟！
沟通领域的“奥运冠军”

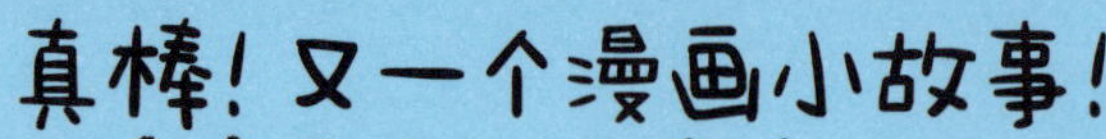

谈话时，
你有权不同意
并说出来。

当别人把你惹急了的时候，试着保持冷静，好好说话。

别跟她似的

像它这样！

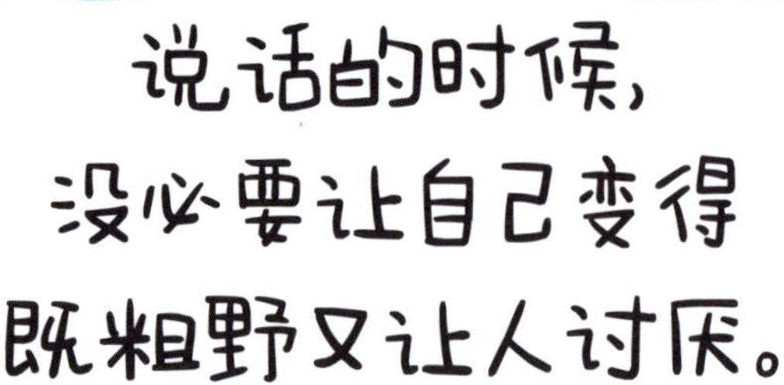

你有三秒钟的
时间同意我，
不然，我就按
下引爆器——

放开我！
我给你解释
为什么我更
喜欢溜冰场。

那你就会
瞬间消失。

炸药

那好吧，
我听着。
给我解释！

原因一

我穿泳衣的
样子滑稽透了。

原因二

我不会游泳。

原因三

溜冰场更适合
交朋友。

你还可以改变主意！

但是
在游泳池，
你可是能看到
很多的帅哥
和美女啊。

啊，是吗???

那好吧！咱们出发！

一个小时之后

噗!

这是跳板

噗!

你干吗呢???

跟你说了
我不会游泳嘛!

沟通时
快乐
和
幽默
越多越好！

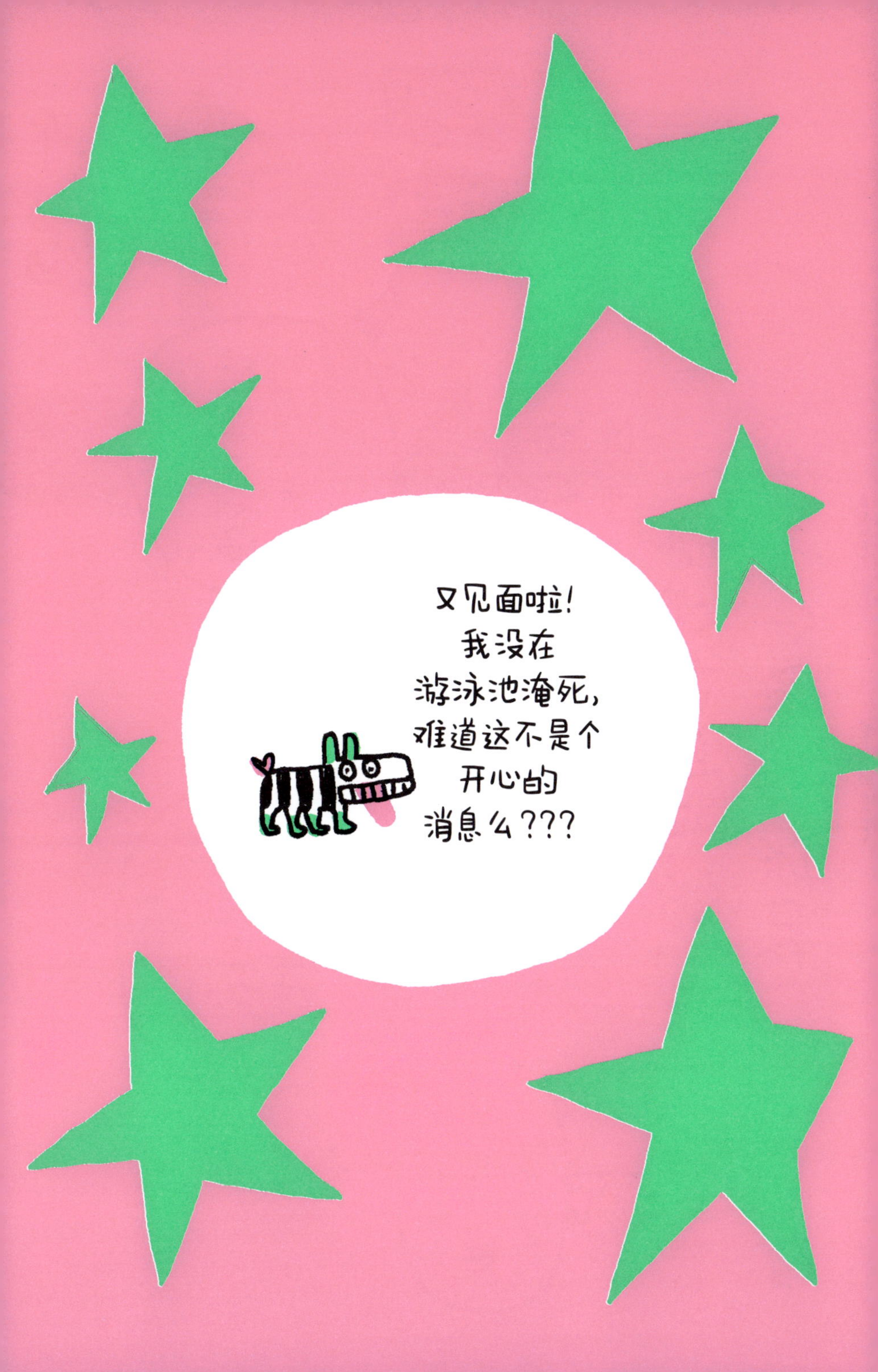
又见面啦!
我没在
游泳池淹死,
难道这不是个
开心的
消息么???

如果你撒个小谎，会发生什么事？

这样也行的话，我何乐而不为呢？

你成了撒小谎的高手。

所有人都相信了。

哈哈！哈哈！

所有人都不太相信。

你停止说谎。

见鬼……
见鬼……

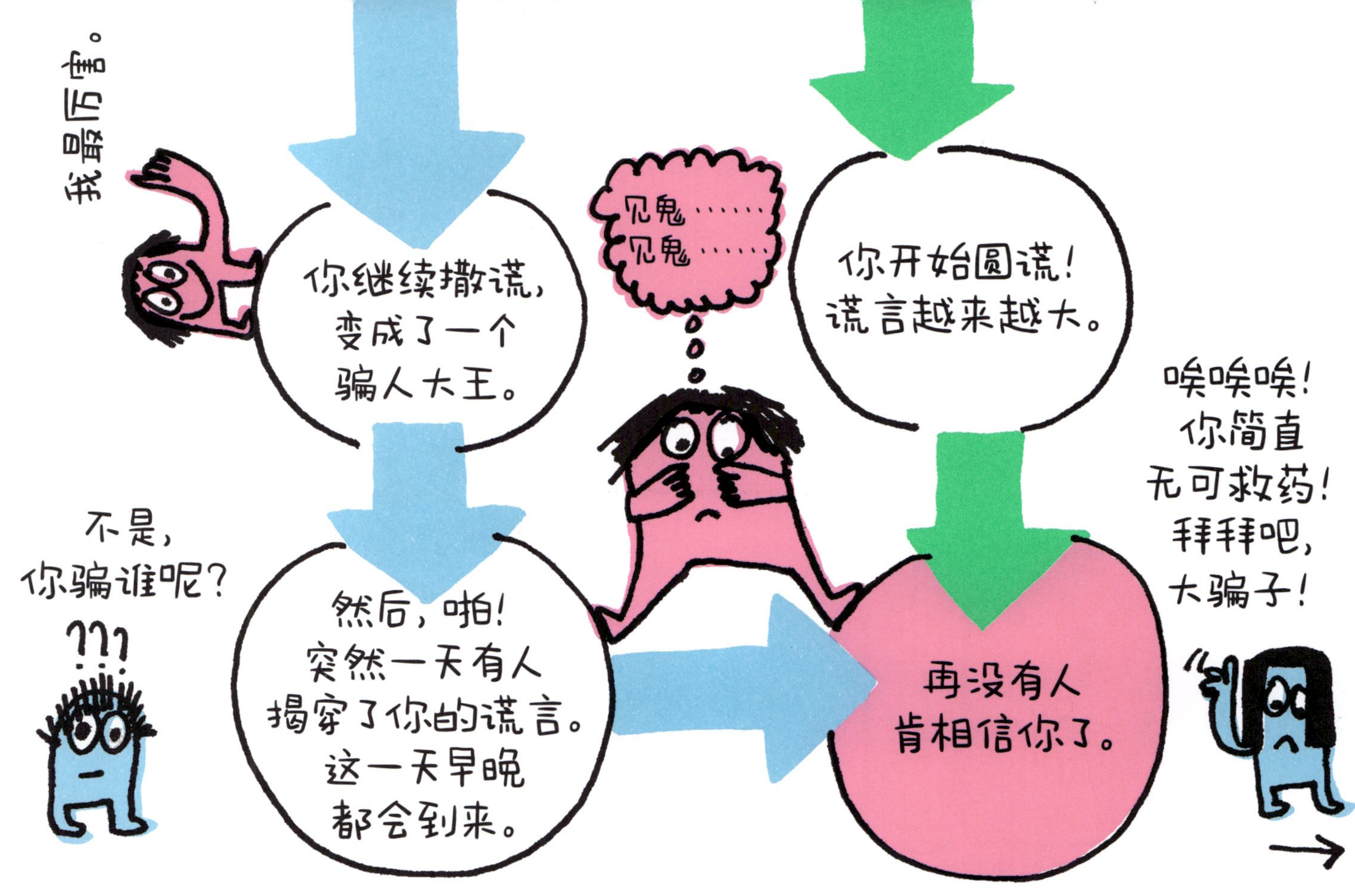
我最厉害。
你继续撒谎，变成了一个骗人大王。
然后，啪！突然一天有人揭穿了你的谎言。这一天早晚都会到来。
不是，你骗谁呢？
???
见鬼……见鬼……
你开始圆谎！谎言越来越大。
再没有人肯相信你了。
唉唉唉！你简直无可救药！拜拜吧，大骗子！

高级
测谎仪
入口
呃……
呃……
这玩意儿
不怎么样。
走啊！
咱们走！
别怕！
传送带

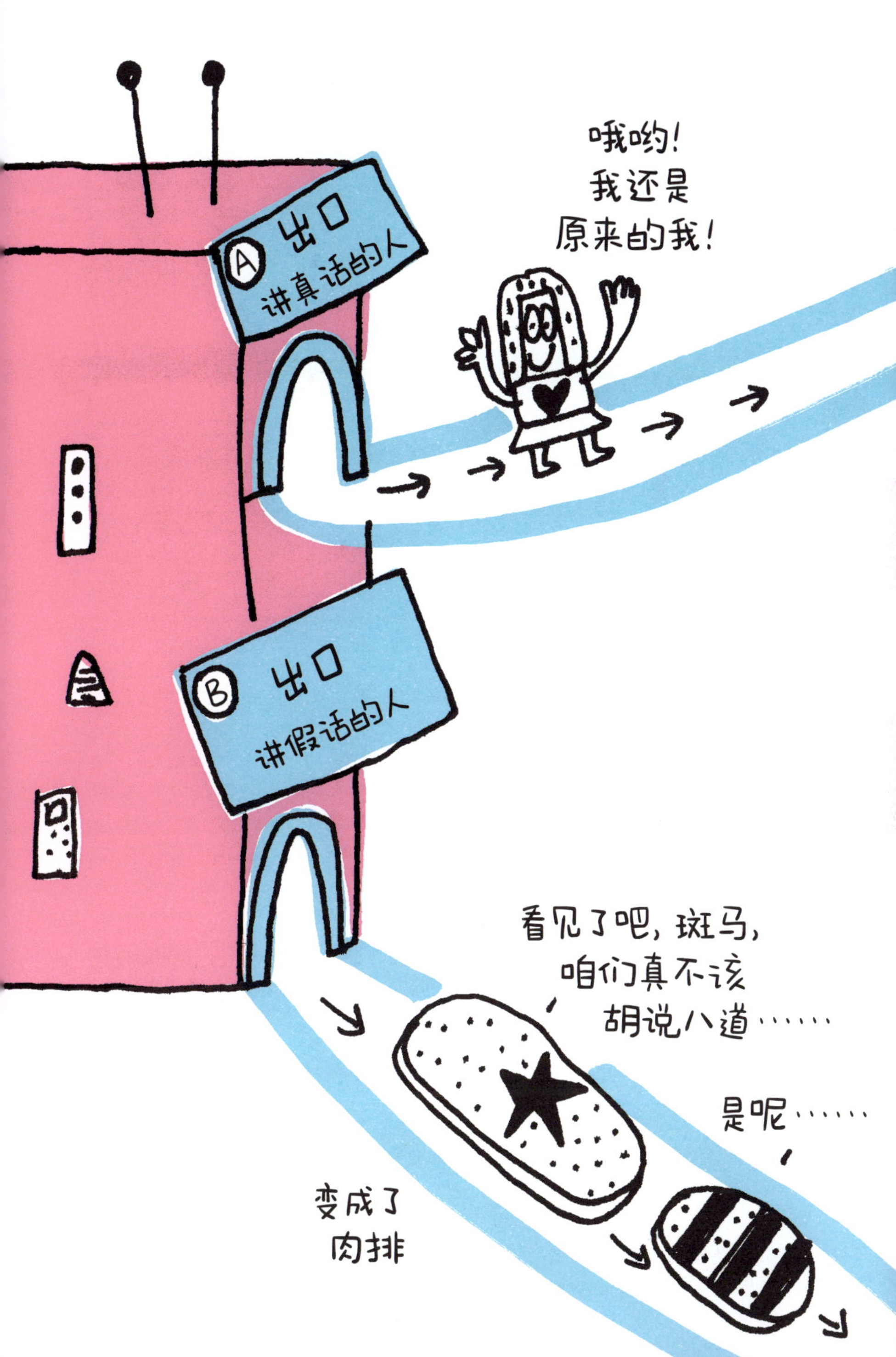

Ⓐ 出口
讲真话的人
哦哟！
我还是
原来的我！
Ⓑ 出口
讲假话的人
看见了吧，斑马，
咱们真不该
胡说八道……
是呢……
变成了
肉排

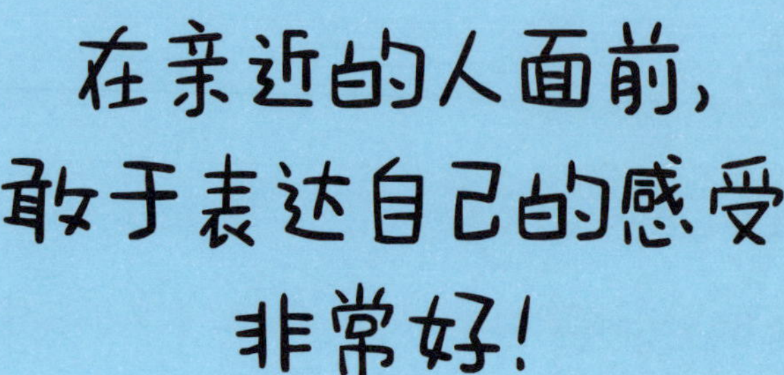

弗朗索瓦丝，你知道不，
我开始感觉到累了，
一直被困在这本书里，
我受不了了……

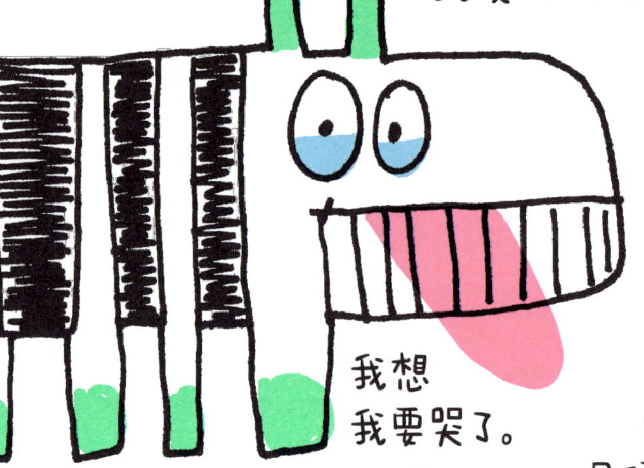

啊？
是吗???

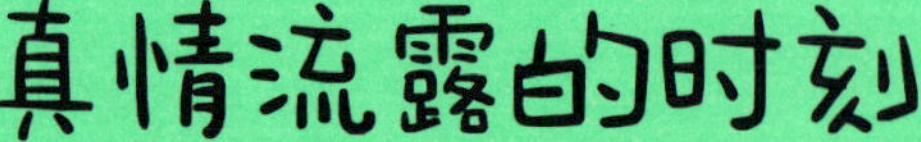

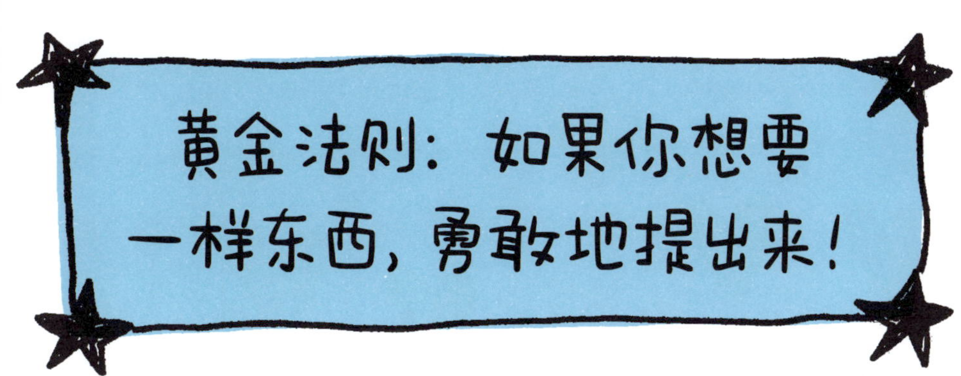

说吧！

劳驾您！
在这本书里，
我想亲吻一
位斑马美女，
哪怕一次
也行！

好的……
那我得
画点儿啥了！

五分钟之后
啵
啵
啵
啵
啵
哇哦！
这是我生命中
最美好的一天！
有人能帮我们
拍张照吗？
好啦，我实现了
你的梦想。

十分钟之后

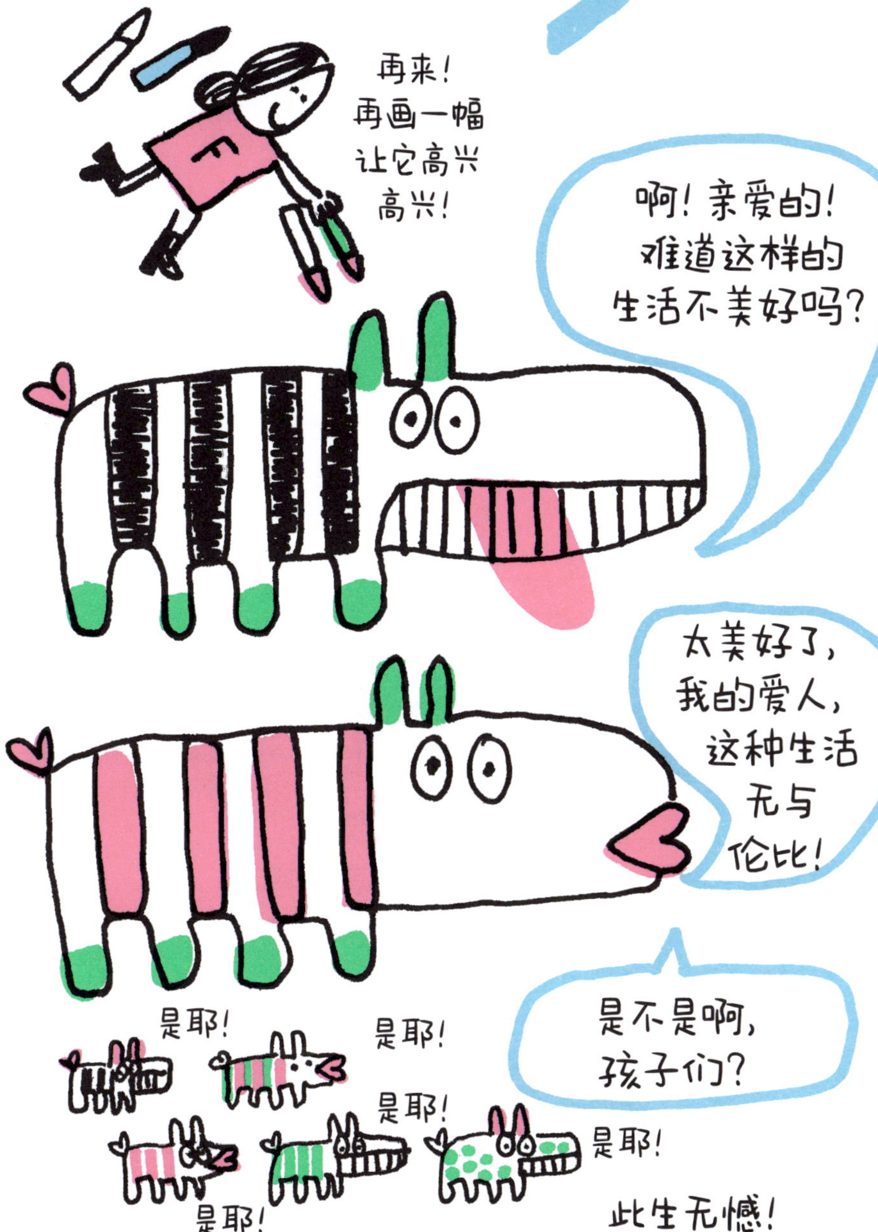

再来！
再画一幅
让它高兴
高兴！
啊！亲爱的！
难道这样的
生活不美好吗？
太美好了，
我的爱人，
这种生活
无与
伦比！
是不是啊，
孩子们？
是耶！
是耶！
是耶！
是耶！
是耶！
此生无憾！

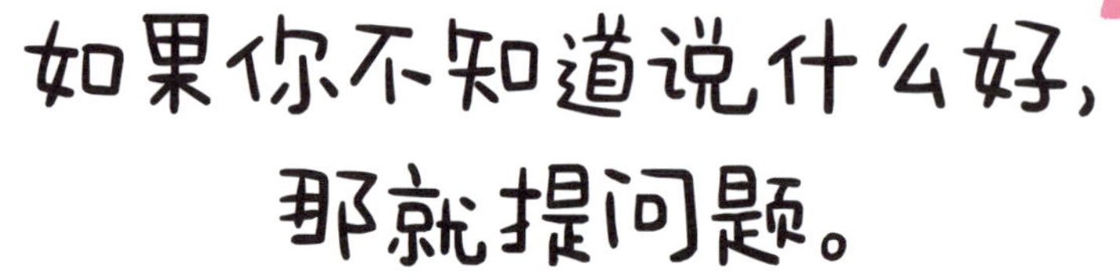
如果你不知道说什么好，
那就提问题。

……
说实在的，
你觉得我看起来咋样？
算不算个帅小伙？
呃……
你奶奶
最近
好不
好呀？
对了，顺便说
一句，你已经
（此处待核）

如果你不知道如何回答一个问题（或者不想回答），怎么办？

可以选择下面的做法↘

找个地洞消失

不是个好法子

说点儿风马牛不相及的话

也不是个好主意

开个玩笑

是个好法子

延迟答复

别太夸张好吧

谈话时切忌以下行为

打断别人，自说自话

中途打电话

取笑对方

态度强势

为一点儿鸡毛蒜皮争论不休

睡着了

有的时候，下面这个捣蛋大王会在谈话时出现。真令人烦恼……深呼吸！一切都会过去的。

但是，那些小小的沉默时刻是完全没问题的！

太棒了！你不是只能和人类说话！

你好，云朵，
你真美，
我爱你。

还有你，你还
好吧？你去非洲？

对哦，
很快动身。

嘿，今天的
内裤！

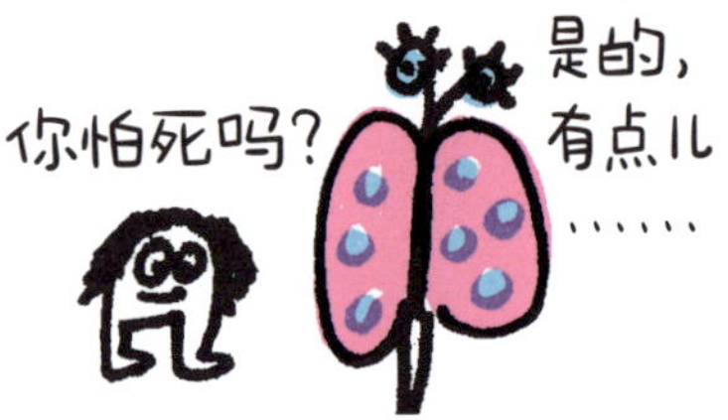

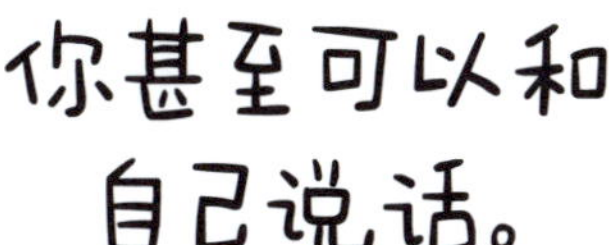

走喽！
开始美妙
的一天。

哎哟！
哎哟！
有时候
事情有点儿
复杂……

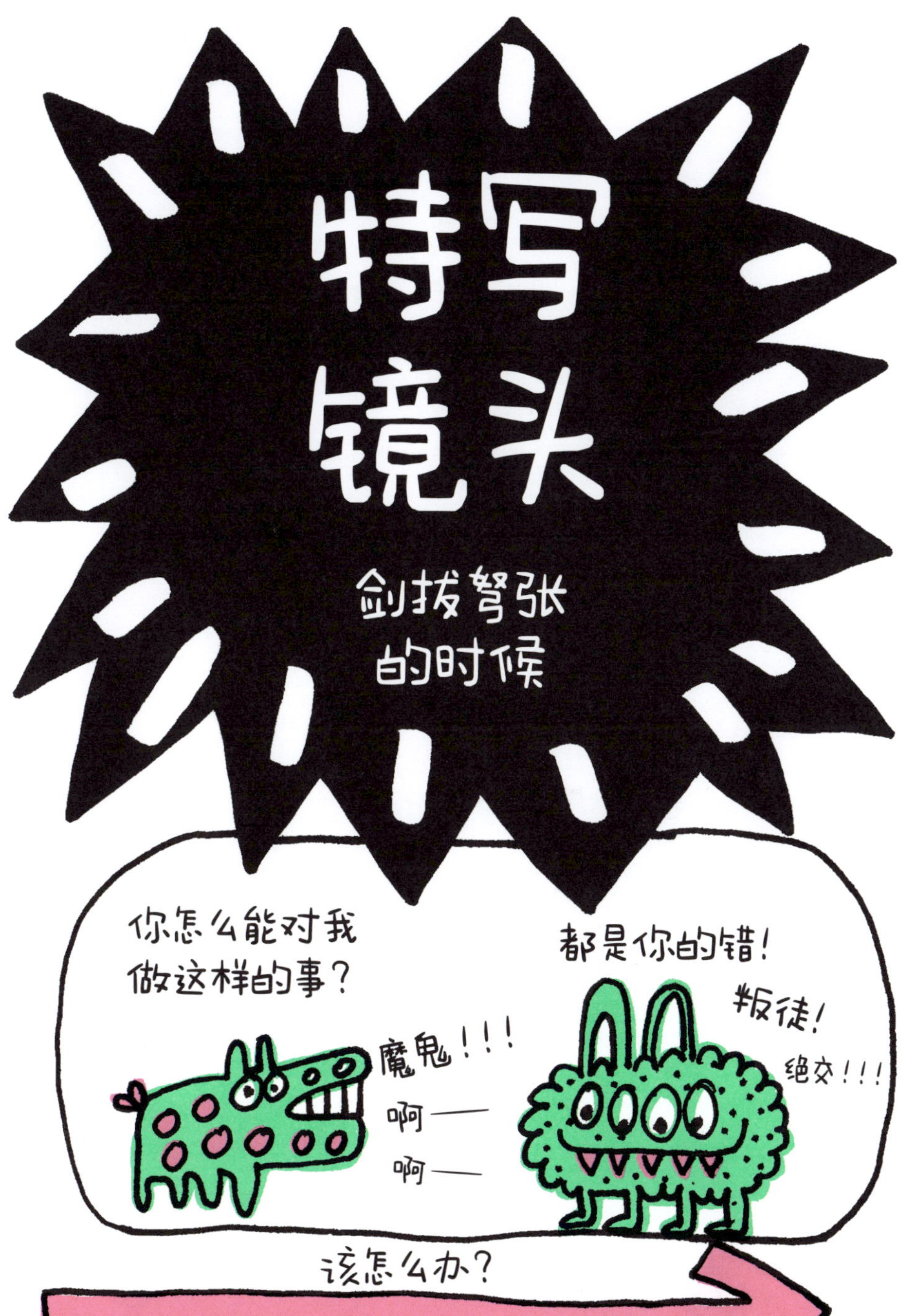
特写
镜头
剑拔弩张
的时候
你怎么能对我
做这样的事？
魔鬼！！！
啊——
啊——
都是你的错！
叛徒！
绝交！！！
该怎么办？

发生矛盾的时候

建议：永远尝试通过平和的交谈来解决问题。

很快就会好起来。

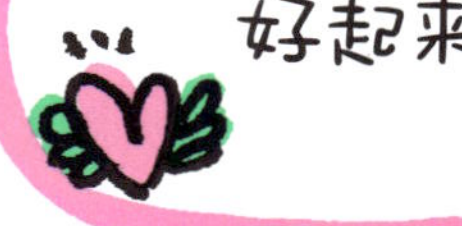

虽然并不容易……但是，继续试试！

啊——完全无法交谈

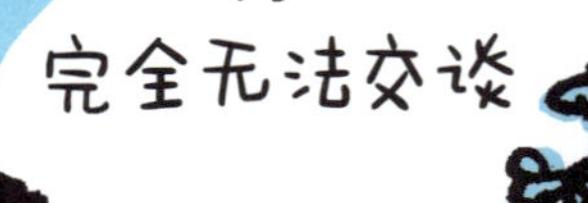

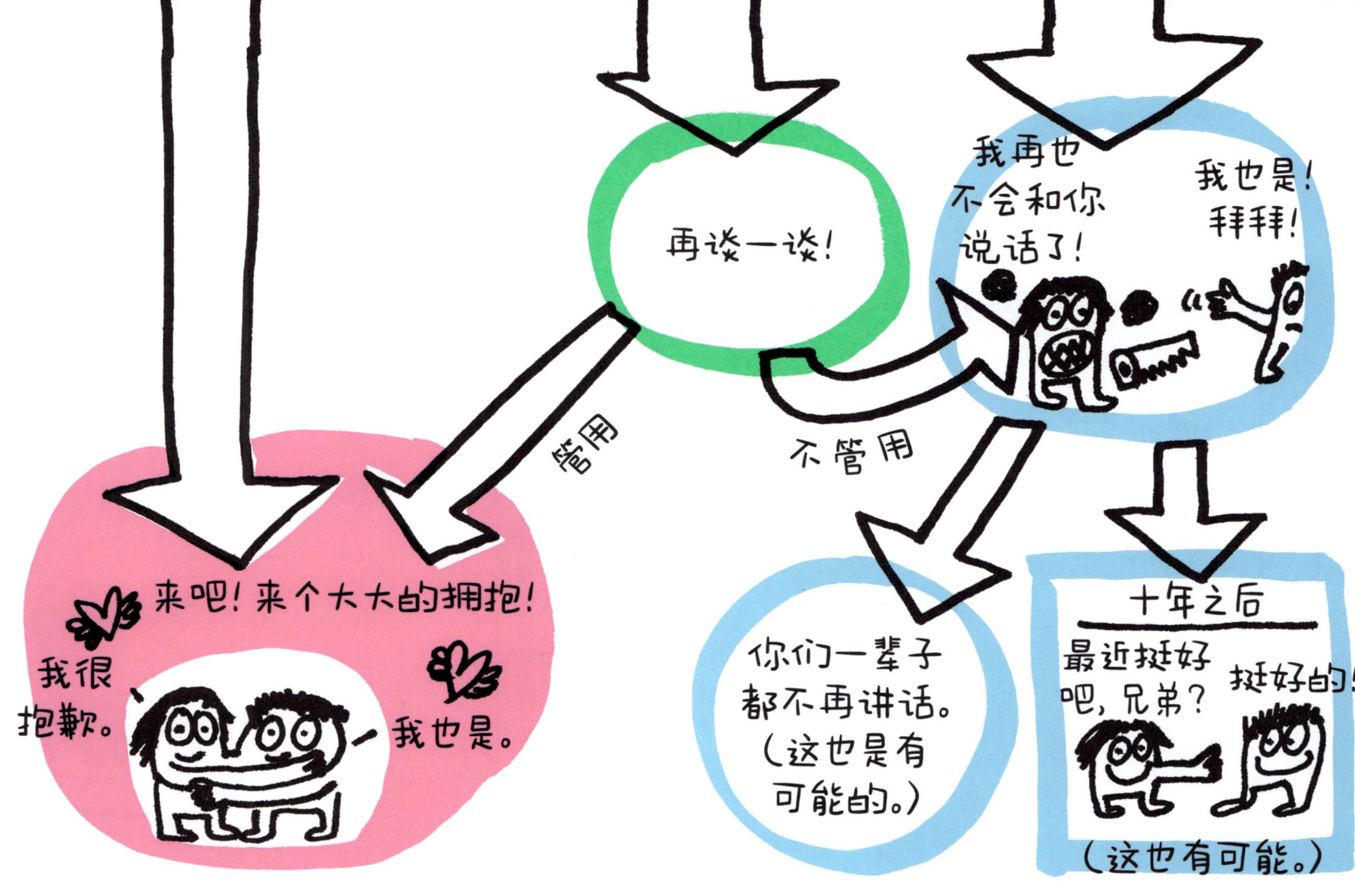
再谈一谈！
管用
来吧！来个大大的拥抱！
我很抱歉。
我也是。
不管用
我再也不会和你说话了！
我也是！拜拜！
你们一辈子都不再讲话。（这也是有可能的。）
十年之后
最近挺好吧，兄弟？
挺好的！
（这也有可能。）

不用开口，
你也能够沟通。

（别人能读懂很多东西。）

下页有一个超
级棒的表格

你不说话（或者几乎不说话）的时候

动作	含义
	哇哦！我太开心了！ （好吧好吧，这个例子不适用于人类，不好意思。）
	根据不同的情境有很多的含义。
肩膀耸起来！ 落下去！	这不是事儿！ （或者我根本无所谓。）

能表达什么？下面就是几个例子。

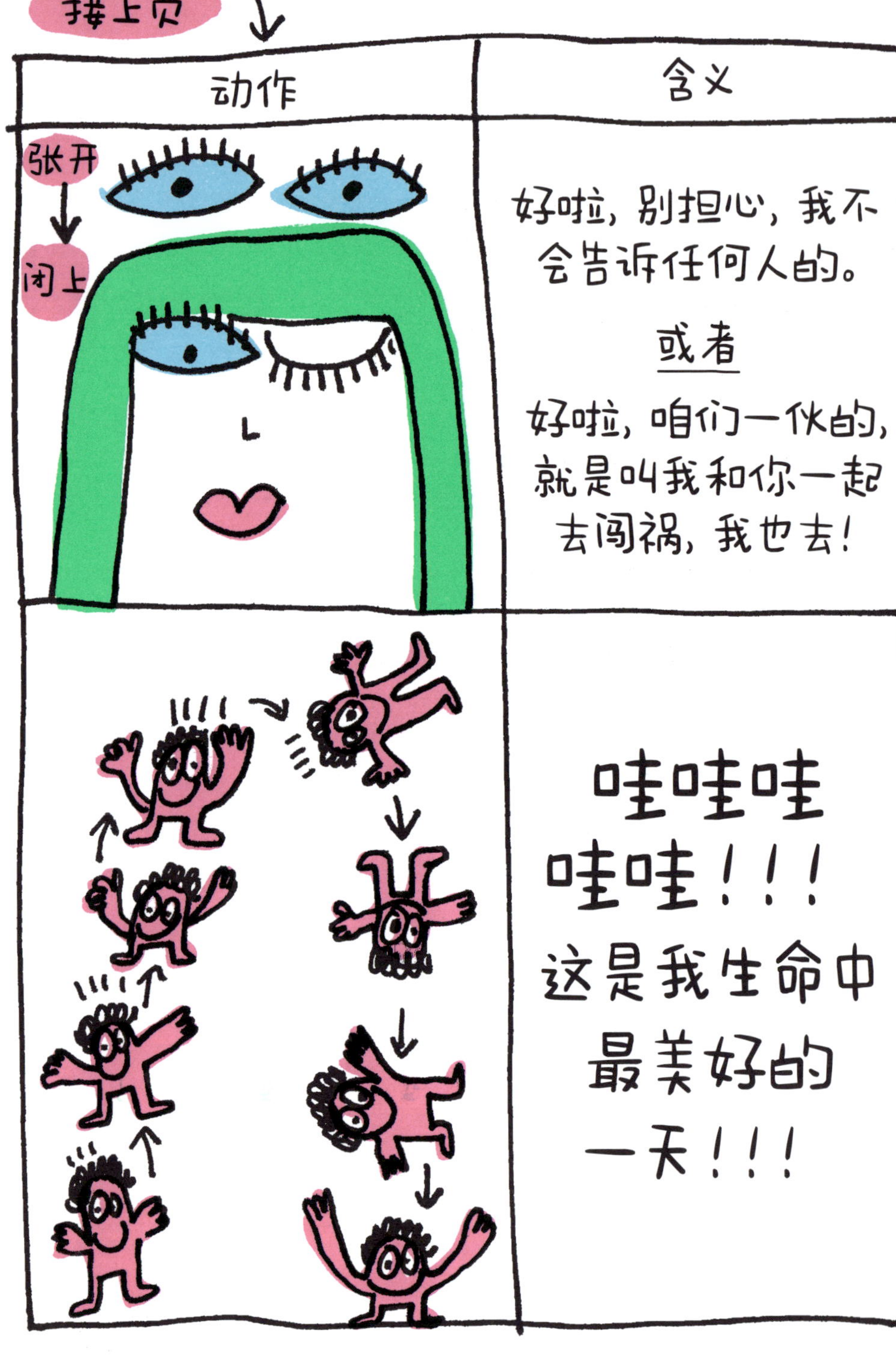
接上页
动作
含义
张开
闭上
好啦，别担心，我不会告诉任何人的。
或者
好啦，咱们一伙的，就是叫我和你一起去闯祸，我也去！
哇哇哇哇哇！！！这是我生命中最美好的一天！！！

动作
含义
啊——
啊——
啪嗒
啪嗒
啪嗒
哎，你快点儿行不？我还有别的事呢……
不！！！
我才不呢！
我太太太太害怕了！
冒汗
这会儿，
我就是有点儿紧张……

你甚至还能通过脸色的变化来表达情感！

三种常见的情况

加勒比海

① 由于嫉妒，脸都绿了。

你最大的仇敌和一位名模一起坐游艇。

因为羞涩（和开心），脸蛋儿变得粉嘟嘟的。

一封火热的情书。

因为害怕，脸色发蓝。

两种比较少见的情况

正常情况

嫉妒 + 羞涩

嫉妒 + 羞涩 + 恐惧

重点

嘿！注意喽！
亲爱的、最棒的
男孩和女孩们！
永远不要忘记，
如果想表达
自己的心意，
你还可以
把它写下来，
只言片语也行，
一封长长的信
也可以！
有时候，
写下来的效果
甚至更好……

谢谢，弗朗索瓦丝……但这就完了吗？
都到最后了，你还没有说怎样在
电话里和网络上沟通呢。

是呀，没错！
但你们都是大师！
你们不需要我！

在我的书里，
我想干什么
就干什么！

但是

永远

要真真

别人说

最最重要

宝贝们！
别忘了，
实实地和
话，这是
的事！！！

但愿我说
清楚了。

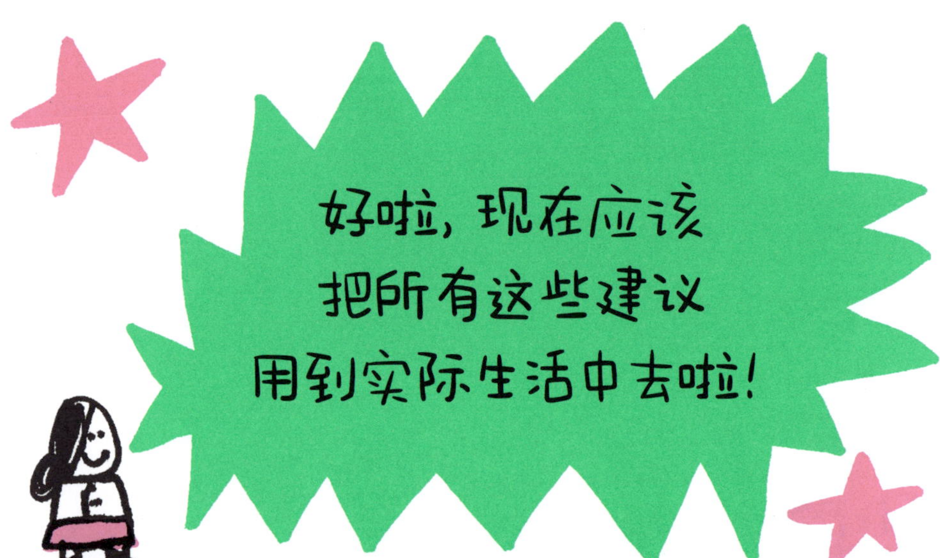
好啦，现在应该
把所有这些建议
用到实际生活中去啦！